UN APRENDIZAJE

Jorge Solá Gómez

Un aprendizaje

© Del texto: Jorge Solá Gómez
© De la corrección: Jorge Solá Gómez
© De esta edición: NPQ Editores
www.npqeditores.com
edicion@npqeditores.com

Primera edición: noviembre, 2024
Impreso en España

PEFC

Los papeles que usamos son ecológicos, libres de cloro y proceden de bosques gestionados de manera eficiente.

ISBN: 978-84-10453-20-3
Depósito legal: V-3897-2024

UN APRENDIZAJE

Jorge Solá Gómez

Prólogo

Me pide Jorge que prologue el escrito donde refiere su vivencia en su largo período de aprendizaje.

Lo que va a encontrar el lector de ese fiel relato es una de las mejores lecciones de aprendizaje de la vida. Lo que describe y cómo lo vivió es la lucha por sortear todos los impedimentos que se encontró en su caminar. Los aceptó, pero no se resignó, peleó con sus fuerzas para superar todos los contratiempos que, como una pesada losa, se le vinieron encima. Se apoyó en su familia, en sus amigos, en su pareja. Ese es el aprendizaje, aceptar... pero no rendirse.

Tuvo la clara visión de que necesitaba ayuda, la buscó, la encontró, y venció. Gran lección aprendida, supo aprender cómo una débil brizna de hierba sortea todas las dificultades para abrirse camino entre piedras, asfalto y todo lo que pasa por encima, pero lucha y sale adelante, encuentra el sitio idóneo para recibir la luz del sol cada mañana.

Pienso que esta experiencia le puede ser útil a quien esté buscando alguna salida dentro de la encrucijada.

COMO UNA BRIZNA DE HIERBA,
NUNCA DEBEMOS PERDER LA BRÚJULA,
ES LA VIDA MISMA.

Firmado
Santos Mondéjar

Introducción

Quiero contar en estas páginas parte de la historia que he vivido en relación a la salud y la enfermedad.

Una historia que me ha acompañado prácticamente desde que tengo uso de razón o, por lo menos desde que tengo recuerdos bien identificados.

Uno de los motivos por los que lo hago es por un desahogo personal que llevo tiempo necesitando, por intentar exteriorizar lo que durante tantos años he llevado dentro.

Ahora que he conseguido liberarme, creo que es un buen momento para hacerlo.

Otro de los motivos es por compartirlo con las personas que me rodean, con la ilusión y humildad de que en algún momento a alguien pueda inspirarle algo positivo, sin intención de convencer de nada, ni tratar de imponer mi verdad sobre nadie.

Cada uno tiene su verdad en función de sus circunstancias.

Con estas reflexiones que voy a compartir sólo quiero exteriorizar algunas sensaciones que tengo en este momento debido a mis experiencias y a la manera en que las he vivido.

A mí, en mi lucha particular, me ha inspirado conocer la historia de otras personas.

Contar aquí lo que fui acumulando y guardando durante 15 años creo que es una de las mejores cosas que he hecho en mi vida.

JORGE SOLÁ
Valencia, 01 de febrero de 2024

Nacer

Nací con una malformación arteriovenosa cerebral. Mi primera experiencia fue a los 9 años, en Cullera.

Una noche jugando al fútbol con mi hermano y mis primos empecé a tener una crisis de pérdida de visión.

Fue el primer aviso, pero no le di más importancia que la incertidumbre de ese momento.

Al día siguiente me desperté completamente normal y no supe más de la malformación hasta que tuve 14 años.

Imagino que fue la edad en que mi cuerpo empezó a experimentar grandes cambios y los síntomas y sus consecuencias iban a despertar para comenzar una larga aventura.

Ahora que soy padre y tengo conciencia de lo que significa tener un hijo, comprendo el sufrimiento que debió suponer para los míos una noticia así, en una época en la que a pesar de ser bastante reciente, la empatía de los médicos a nivel general no era ni parecida a la de los de hoy en día.

En mi enfermedad particular era todo muy nuevo y sin una solución clara.

Creo que la palabra enfermedad en este caso no la utilizo bien. Entiendo que una enfermedad es algo que surge y se va desarrollando con el tiempo, mientras que mi malformación ha sido algo fijo de principio a fin, con riesgo de que alguna vez estallase, pero sin crecer.

Con el paso de los años y con las experiencias acumuladas diría que ha sido un regalo que me ha acompañado desde el día que nací hasta hoy. Al fin y al cabo, todas las enfermedades lo son y aparecen o las atraemos para aprender de ellas, aunque esto cueste de entender y lleve un tiempo aceptarlo.

Debo estar agradecido a la enfermedad, me ha enseñado muchas cosas. Algunas todavía por descubrir y asimilar.

— Cambiar —

Las circunstancias de cada uno sin duda te van cambiando.

* * *

Aunque en esencia eres el mismo,
las experiencias que eliges y
las que te toca vivir, te cambian.

* * *

A mí, esa nueva situación me hizo dar un gran cambio durante la adolescencia, pasando de ser un niño a madurar a marchas forzadas, de golpe y porrazo, saltándome quizá unos cuantos pasos.

Recuerdo que hace algo más de un año, cuando la última operación estaba cerca, un amigo me dijo algo así (no recuerdo bien cuáles fueron sus palabras, pero sí su mensaje):

"Cuánto te cambió esto Jorge,
aunque conmigo siempre
has seguido igual de cariñoso".

Él me conoce bien, ha estado a mi lado desde la infancia.

Es la única persona que me dijo algo así. Algo que yo había pensado ya varias veces.

Para lo bueno o para lo malo soy como soy por mi proceso.

* * *

El dolor te limita, te hace estar serio.

* * *

No porque quieras estarlo, sino porque estás aguantándolo como puedes. Esto, prolongando en el tiempo, me fue cambiando la forma de ser, pues "la práctica hace al maestro", volviéndome cada vez más reservado, más introvertido.

——— Dolor ———

Con catorce años, de un día para otro y sin motivo aparente, empecé a sufrir fuertes dolores de cabeza.

En busca de un porqué, mis padres y yo fuimos de médico en médico durante unos tres meses.

Pasamos por todos los especialistas posibles y barajamos muchas opciones. Empezamos de menos a más, no íbamos a ponernos en lo peor desde el principio. Las primeras pruebas y opciones que nos planteaban eran hacer análisis por si tenía falta de vitaminas, migrañas, nervios o sinusitis, entre otras posibilidades que ya no recuerdo.

Lo cierto es que los dolores de cabeza eran tan fuertes que a veces me quedaba tirado en el patio del instituto, casi sin poder moverme y tenía que procurar respirar despacio para que no me doliese mucho.

Realizadas todas las pruebas iniciales, lo último que quedaba por hacer para salir de dudas era una resonancia magnética cerebral. Y ahí sí que salimos de dudas. Con la resonancia salió todo. En cuanto averiguaron lo que tenía empezaron a tratarme.

Esta fase no la recuerdo muy bien porque era muy joven y no era muy consciente de lo que pasaba, pero deduzco que serían momentos de mucha angustia.

Sí que tengo algún recuerdo que todavía me provoca una sensación de frialdad en el cuerpo, como cuando me iba de clase para pasar largas tardes en la sala de espera del hospital, esperando a que nos dijesen cuales eran los pasos a seguir.

La diferencia que creo que hay entre los médicos de antes y de ahora es que antes te imponían la solución, y ahora cuentan contigo para decidirla.

Por lo menos es la diferencia que yo aprecio entre los médicos que me trataron al principio y los que me han tratado después.

No quiero generalizar ni decir que lo hiciesen con mala fe, pero sí que creo que es algo que ha mejorado mucho y humaniza mucho estos procesos.

Entre los 14 y 15 años me hicieron 4 embolizaciones y una radiocirugía. Nada de esto sirvió. Después de cinco operaciones estábamos de nuevo en el punto de salida.

Este primer intento fue bastante frustrante, pues al principio parecía que con dos embolizaciones sería suficiente, pero cuando terminó la cuarta y desperté en el quirófano me dijeron que no se había conseguido nada y que me tenían que hacer una radiocirugía.

—Realidad—

Este fue para mí el primer golpe de realidad. Al principio era como que me dejaba llevar, creyendo que iba a pasar pronto. Pero aquí me di cuenta de que iba a costar más de lo esperado y que tendría que poner de mi parte.

Tras tantas pruebas y operaciones, catalogaría la radiocirugía como la más dura de todas las vividas. ¡Sin duda!

Esta consistía en ponerme un casco de hierro atornillado a la cabeza para que, al día siguiente, me mandaran rayos para tratar de erradicar la malformación (controlando las dimensiones y la ubicación de ésta).

* * *

En ese quirófano sentí el mayor
dolor físico que he experimentado nunca.

* * *

Para ponerme la anestesia y poder atornillarme el casco me pincharon cuatro agujas, dos desde las sienes hasta la frente y otras dos desde la nuca hasta la parte superior del cráneo, atravesando la cabeza en su totalidad. Mientras sentía el dolor, veía la sangre caer a chorros por mi cara y notaba su calor.

Del momento que salí de ahí tengo una imagen graba-
da como si estuviese pasando ahora.

Estaban mis cuatro abuelos y mis padres esperándo-
me fuera.

Entre las miradas que recibí de ellos, al verme con esos
hierros que no me dejaban apoyar la cabeza en la al-
mohada, y el dolor tan intenso que acababa de sufrir,
me puse a llorar desconsoladamente.

Aún se me pone un nudo en la garganta al recordar
esta imagen.

—— Incerti dumbre ——

Ninguno sabía en qué iba a consistir aquello. Es lo que comentaba antes de que no había tanta comunicación entre médico y paciente.

La radiocirugía no sólo iba a ser dolorosa en el momento de la aplicación, sino que también iba a serlo durante un largo tiempo (casi 2 años hasta que los médicos pudiesen certificar si había dado el resultado esperado).

La alta ingesta de medicación durante este tiempo para calmar los dolores de la radio, fueron provocando otros efectos secundarios en mi salud, como una fuerte hepatitis que me dejó el hígado hecho polvo durante meses.

Aunque desde que nací siempre he tenido en mi familia personas que se dedicaban a lo que podemos llamar terapias alternativas, yo diría que esta fue la primera experiencia que me hizo acercarme a este asunto y descubrir otras opciones menos nocivas para la salud (a día de hoy es un tema que me sigue apasionando).

* * *

Me costaba entender y me enfadaba mucho
ver cómo intentando curar unas cosas,
no paraban de salirme otras.

* * *

Era una rueda que nunca se detenía.

Hoy sigo creyendo que hay un exceso en el uso de productos promovido por intereses que están realmente lejos del que debería ser el único, la salud.

O que hay una falta de interés en profundizar en otros medios complementarios (no sustitutivos) que nos ayudarían a tener un bienestar, una consciencia o una salud más completa.

Hecho este paréntesis y pasados ya estos dos años de tratamiento pasivo sin obtener el resultado esperado, el radiólogo que me trataba por aquel entonces les propuso a mis padres que esperáramos unos años.

Parecía que se estaba investigando mucho sobre estas técnicas y pronto se preveía un gran avance.

Desde los 16 hasta los 24 años pasé una temporada relativamente tranquila y normal, con mis dolores y mis cosas, como todo el mundo.

En septiembre de 2012, justo 10 años después de mi particular descubrimiento, volvemos a las andadas.

En este caso entramos en el Hospital La Fe de Valencia. Un hospital para el que sólo tengo palabras de agradecimiento; todo el equipo médico es excelente (auxiliares, celadores, enfermeras, cirujanos), una atención muy buena y unas infraestructuras para pacientes y familiares espectaculares.

La verdad es que debo hacer un inciso para recalcar la suerte que tuve de nacer en España con una sanidad pública tan buena.

Desde mi desconocimiento me atrevería a decir que puede que sea la mejor.

Recuerdo que mis padres contaban que cuando empezamos con esto, un primo suyo que es investigador médico, les dijo que en Estados Unidos cada una de las operaciones a las que me estaba sometiendo suponía un coste de 1 millón de pesetas.

Pero no hacía falta irse a ningún sitio porque los mejores especialistas estaban aquí. Yo he tenido 12 operaciones, sin contar otras pruebas. Le he salido muy caro a la sanidad pública.

—— La cita ——

En octubre de 2012 el neurocirujano nos citó para darnos los resultados de la arteriografía y plantear las posibles alternativas.

Lo que seguía teniendo ya lo sabíamos, pero ahora la información era mucho más precisa.

El diagnóstico era una malformación arteriovenosa cerebral muy grande.

Debido al tamaño de la malformación y al gran flujo sanguíneo, el proceso tenía que ser largo. El nuevo tratamiento constaría de al menos cuatro nuevas embolizaciones y una última cirugía.

Al final del proceso y yendo todo bien (como así ha ido siempre) perdería el 50% del campo visual, la parte de la derecha. Aunque mi zona de la vista en el cerebro dejó paso a la malformación cuando nací y la tengo un poco desplazada respecto al resto de personas, la proximidad de la malformación era demasiada como para que la visión no se viera afectada.

Para entrar un poco más en detalle sobre lo que son las embolizaciones, consisten en meter un catéter desde la arteria femoral hasta el cerebro (en mi caso) para ir inyectando en la zona una especie de pegamento que, sesión a sesión, fuese secando el flujo sanguíneo de la malformación.

La cirugía ya más o menos todos sabemos en qué consiste.

El caso es que no se podía hacer sólo embolizando, ni sólo con cirugía. Debía de ser una combinación de ambas para ir secando la sangre y reduciendo el tamaño de la malformación hasta permitir finalmente extraerla del cerebro.

Una vez planteado todo esto, el neurocirujano me dijo que me tomara unos meses para pensármelo y en enero volveríamos a hablar.

Desde el día que lo conocí hasta el final siempre he sabido que estaba en buenas manos. Me ha tratado siempre con muchísima entereza y aportándome mucha seguridad.

Creo que en un médico son muy importantes las cualidades profesionales, pero también las humanas y la empatía con el paciente, pues, aunque desde distintas posiciones, no deja de ser una relación entre personas.

—— El viaje——

Aunque el viaje iba a volver a ser largo (suele ser más de lo que te dicen al principio y ya tenía experiencia en eso) él estaba confiado en el buen pronóstico de mi caso y, siendo un paciente tan joven estaba convencido de que no valía la pena arriesgarse a que en cualquier momento me diese un derrame cerebral.

Me acuerdo mucho de una frase que me dijo tal que así:

"En tu caso, Jorge, vamos nosotros por delante de la enfermedad y, si alguna vez dejase de ser así, las consecuencias serían devastadoras".

Si alguna vez hubiese dejado de ser así, como él me dijo, lo menos que me podía pasar y poco probable era quedarme como estoy ahora. Con la mitad del campo visual perdido.

Aunque son sólo estadísticas y si toca tienes el 100% y si no el 0%, con la cantidad de años que a priori me quedaban por vivir era muy probable que tarde o temprano me tocase, aumentando el riesgo un 3% cada año desde el primer año de vida.

Calculando las estadísticas que los médicos planteaban, ahora ya estaba cerca del 90%. Aunque nunca se sabe.

También me dijo que, de cada 4 infartos cerebrales, 2 no lo superan y 1 se queda con graves secuelas.

Cuando sales de la consulta, a pesar de ser un jarro de agua fría otra vez, te haces un poco el duro.

Crees que todavía queda mucho para eso, incluso eres dueño de decidir lo que quieres hacer y ese momento ya llegará.

Lo que pasa es que uno no se puede engañar a sí mismo, al menos durante mucho tiempo y sin que te pase factura.

* * *

Las decisiones hay que tomarlas
con seguridad, los retos afrontarlos
y los miedos superarlos.

* * *

No hay nada peor que vivir con miedo. No plantarle cara a las cosas no hace nada más que retrasar y agrandar los problemas.

Durante los siguientes meses no pararon de suceder cosas que ahora refuerzan esta teoría que acabo de plantear y que por aquel entonces me hizo tocar fondo.

— Regresar—

En enero de 2013 decido retomar el proceso y esto me quita un gran peso de encima.

Al apoyo de mis padres, hermano, familia y amigos se suman durante estos años dos personas fundamentales en mi lucha, que me dan un nuevo aire fresco y me aportan la valentía que me faltaba para tomar la decisión.

De estas dos personas la primera es mi compañera de vida desde hace diez años, que ha estado conmigo en todo momento sin excepción, viviéndolo conmigo en primera persona, no de acompañante.

La única diferencia es que cuando yo entraba ella se quedaba en la sala de espera. Aparte de eso, lo ha vivido todo tan en primera persona como yo.

Desde que la conozco, antes como amiga que como pareja, ha sido una luchadora.

La segunda persona es un buen amigo que también conocí más o menos por esa época y que fue un regalo descubrirlo, que me ha acompañado desde entonces y del cual he intentado aprender mucho.

Siempre ha sabido darme su mejor consejo sin equivocarse. No fallaba el almuerzo unos días antes de la fecha prevista a las operaciones para que yo pudiera preguntarle todas las dudas que me surgían sobre cómo iría.

Empezamos con las embolizaciones, me iban llamando para intervenir al menos cada 3 ó 4 meses para que me diese tiempo a recuperarme entre una y otra.

En muchos casos pasaba bastante más tiempo por lista de espera de los hospitales. Otras veces ingresábamos por la noche y antes de bajar a quirófano la mañana siguiente, nos mandaban para casa porque esa noche había entrado alguna urgencia.

* * *

Todas estas cosas sin duda me enseñaron a mantener la calma y a ser más paciente, aprendiendo que el "cuándo" no es importante.

* * *

—Esperanza—

Todo iba saliendo bien, a pesar de ello nunca llegaba a estar en paz del todo porque cada vez que entraba sabía que no iba a ser la última, ni siquiera sabía cuándo lo sería.

Cada vez que recibía una llamada de un número largo, inevitablemente soltaba un chorro de emociones contenidas en forma de lágrimas.

Quiero resaltar que durante estos últimos años que estoy contando viví momentos muy bonitos, algunos de ellos han sido los mejores de mi vida, y estoy seguro que esto que estoy contando ahora influyó a que así fuera, enseñándome a vivirlos con más intensidad.

Las primeras operaciones fueron muy bien, entraba fuerte, recuperaba rápido y el resultado clínico iba mejorando con cada sesión. La presión sanguínea de mi cabeza se fue reduciendo y los dolores comenzaron a ser mucho más llevaderos.

El tramo más duro fue cuando el final se iba acercando. La última fase de embolizaciones se me hacía cuesta arriba y el final me asustaba. Más que asustarme podría decirse que nunca había tenido tanto miedo.

Antes de ir terminando no quiero que se me olvide decir lo importante que es entrar en un quirófano con ganas, por si alguna vez tienes que pasar por un tratamiento importante. Sólo con eso tienes el 50% del éxito asegurado.

Digo que es importante entrar con una buena actitud al quirófano, pero la verdad es que la buena actitud es importante para cada instante del día.

* * *

No es tan importante lo que hagas si no cómo lo hagas.

* * *

Las cosas que tengan que pasar van a pasar igual y en nuestras manos está cómo las queremos vivir.

Nos pasamos la vida separando lo bueno de lo malo cuando en el fondo creo que no existe nada de eso.

Nos pasamos la vida esperando que llegue cualquier otro momento distinto al que tenemos delante.

* * *

La realidad que siento es que
la vida no es buena ni mala, simplemente ES.

* * *

Depende de nosotros el fruto que le queramos sacar y cómo queramos vivirla, no depende de nadie ni nada más. Nosotros somos los responsables de que nuestras experiencias sean de una manera u otra.

Es tan fácil decirlo como que se te olvide mil veces al día. Es trabajo de cada uno hacerlo suyo para llevarlo a la práctica.

—————— Duda ——

La última embolización, la sexta, fue en mayo de 2016. A partir de ahí sólo quedaba esperar a la cirugía que estaba programada para después de verano, aunque al final no llegó hasta el día de la Lotería de Navidad del 2017.

Yo por aquel entonces no me veía capaz de enfrentarme a lo que me tocaba, no tenía el valor para hacerlo y, como las cosas no pasan por casualidad y a una operación hay que entrar fuerte, la vida me dio todo el tiempo que necesité hasta que estuve preparado.

Los primeros meses de espera a la cirugía tuve crisis de ansiedad que me hicieron ir al hospital en varias ocasiones pensando que me estaba dando un infarto cerebral.

Durante todo el tiempo que he vivido con este riesgo no le había temido a la muerte hasta este momento, pues ni antes sentía que me tuviese que morir ni ahora estoy a salvo de ella. De hecho, no hay nada más seguro para cualquiera de nosotros que ese momento llegará, aunque vivamos dándole la espalda.

Creo que todos disfrutaríamos más de nuestra existencia si este tema se tratase con normalidad. Perderíamos el miedo y seríamos libres para vivir. Hay una frase muy buena sobre esto que dice algo así: "Vivimos

como si no fuésemos a morir nunca y morimos sin haber vivido"[1].

Todo esto me pasó como consecuencia del miedo. A
veces puede ser tan sutil que no lo percibes y otras tan
potente que te hace dudar de ti mismo, incluso de que
continúes respirando.

Poco a poco, con la ayuda de mucha gente y con el aprendizaje diario lo fui superando y continué preparándome.

* * *

Una de las cosas que creo que estoy aprendiendo
sobre el miedo es que viviendo
en el presente es imposible.

* * *

Sólo aparece cuando piensas en lo que puede pasar
mañana o dentro de no sé cuánto tiempo.

---

1   Paulo Coelho. Aleph.

—— Espera ——

Es una pena que algún día nos demos cuenta del tiempo que hemos desaprovechado asustados por algo que no está pasando, y que por lo tanto no podemos hacer nada al respecto.

De hecho, muchas de las cosas que nos preocupan nunca llegan a pasar.

En estos pocos días en el hospital he vivido las dos sensaciones.

Voy a intentar explicarme para que se entienda mejor.

El día antes de la cirugía (que iba a ser lo más duro) estaba supertranquilo, disfrutando de estar ahí y contento de tener un reto tan importante, sin pensar lo que pasaría al día siguiente ni al otro. Simplemente estaba ahí, relajado, sin miedo.

Unos días después, cuando en principio parecía que había ido todo bien y sólo faltaba una prueba que lo confirmase, tuve una sensación totalmente opuesta. Pasé dos noches pensando "¿y si no está del todo?", "¿y ahora otra prueba por qué?".

No sé si se me ha entendido o no...

Lo que quiero decir es que la misma situación podemos tomarla de dos formas distintas, y que no hay nada que temer si vives el momento presente.

En mi camino hay muchas cosas y muchas personas que me han inspirado a ser más fuerte y a llevar las cosas con una sonrisa.

Para mí, entre muchos otros, uno de los puntos de inflexión fue conocer la lucha de Pablo Ráez.

Me vi bastante reflejado con su historia y estilo de vida (salvando las distancias).

Me conmovió ver la lección de vida que estaba dando, el ejemplo, la generosidad, la alegría, la entereza, la ilusión, la fuerza, la energía y el positivismo con los que afrontaba su enfermedad.

Recuerdo unas declaraciones de su padre, con su hijo ya fallecido, en las que muy orgulloso decía que cómo no iba a estar feliz si su hijo, con las cartas que le había tocado jugar, lo había sido. A esas palabras me aferré yo para cambiar mi mentalidad.

Cada uno de nosotros intenta aportar con nuestra mejor voluntad nuestro granito de arena para mejorar nuestro entorno, y luego hay maestros que aparecen de repente para aumentar la consciencia de toda una sociedad.

Este es mi pequeño homenaje a este chico que personalmente me ayudó tanto y para siempre. Es un ejemplo, pero hay otras muchas historias inspiradoras. De hecho, cada uno tienc la suya.

La
prueba

Por fin llegó el día para el que tanto tiempo llevaba preparándome.

Tuve la suerte de que me llegó en el mejor momento posible. Estaba fuerte física, emocional y mentalmente para afrontar lo que viniese y superarlo.

Así como antes decía que cada vez que me llamaban para operar me ponía a llorar para liberar tensiones, esta vez fue distinto. Sentí calma y un sentimiento de decir "es el momento perfecto".

De hecho, al final la sensación que tenía era de necesitar hacerlo, como que me lo había ganado.

Pensaba que en el improbable caso de que me llamasen y me dijesen que la cosa había cambiado y que ya no hacía falta que me operase, no me hubiese valido, habría sido como algo incompleto.

Algo me decía que necesitaba vivir esta experiencia para superarla por mí mismo y poder decirme "¡Olé tú, Jorge!".

Cuando de verdad tienes seguridad en ti y confianza en la vida vas percibiendo que las cosas llegan en el momento adecuado y de la manera que tienen que llegar.

No sé cómo explicar esta sensación, hay cosas para las que todavía no se han inventado las palabras.

Parece difícil de creer, pero los días previos a la última operación, los de hospitalización y los de recuperación que estoy viviendo ahora, son de los más bonitos que he vivido, por todo lo que estoy sintiendo y que no sé explicar del todo.

Quizá algunas de las palabras que se pueden acercar al sentimiento son "amor" o "agradecimiento".

Lejos de parecer que lo que me ha tocado es "una putada", me lo estoy tomando como una nueva oportunidad y un aprendizaje, un regalo que no quiero desaprovechar.

Estoy volviendo a aprender a respirar, a disfrutar de volver a dar los primeros pasos, a ducharme o alimentarme, entre otras cosas que voy haciendo cada día poco a poco, según voy recuperando la energía para continuar con mi vida cotidiana.

No digo que esté siendo fácil, que no esté bajo de fuerzas, que no tenga ganas de correr un poco más de la cuenta o que no me entren ratos de bajón, pero eso también forma parte de la recuperación y de la vida e intento aceptarlo como tal.

Ya para terminar sólo quiero agradecer de corazón a todas las personas, las velas, los mensajes, los pensamientos, la energía y el amor recibido, que me han acompañado estas semanas y que han hecho que saliese tan reforzado de esta experiencia.

Ha sido el conjunto de todo y de todos lo que ha escrito mi destino.

¿FINAL
O
PRINCIPIO?

Epílogo

Tengo en el interior una sensación que ya he vivido alguna vez, aunque nunca con tanta fuerza como ahora. Y es que de todo esto mi cuerpo, mi mente y mi alma saldrán reforzados para siempre, aunque me cueste semanas o meses recuperarme, independientemente de que volverán momentos mejores y peores y de que esto no es ni el principio ni el final de nada, sino sólo una experiencia más que me ha ayudado a abrir un poco los ojos y que no quiero desaprovechar.

El último recuerdo del hospital es del día antes de darme el alta, cuando me estaban haciendo las últimas fotografías de la cabeza para confirmar el resultado.

Estaba totalmente despierto por falta de anestesista para ese día. El radiólogo me dijo con naturalidad y alegría:

"¡Jorge, estás limpio, estás curado!
Enhorabuena, has terminado".

Lógicamente, no creo que estuviese ahora contando todo esto si el resultado no hubiese sido el que ha sido.

Me siento orgulloso de tener tanto cariño alrededor y de haber podido cerrar una etapa y liberarme de algo que llevaba tanto tiempo deseando.

Gracias de corazón por leerme. Un abrazo.

Si te ha gustado el libro, si quieres contarme tu historia, o contactar conmigo por cualquier otro motivo, puedes hacerlo escribiendo a:

jorgesolagom@gmail.com

Agradecimientos

A mi familia, que vivió esta experiencia conmigo. Sobre todo, a mis padres, a mi hermano, y a mi compañera, que eligió estar a mi lado, Lorena.

Índice